Vente des Mercredi 11 et Jeudi 12 Février 1885

HOTEL DROUOT, SALLE Nº 3

SUCCESSION

DE

Mʳ A. GIRARDOT

ARTISTE-PEINTRE

EXPOSITION PUBLIQUE

Le Mardi 10 Février 1885, de 1 heure 1/2 à 5 heures 1/2.

PARIS — 1885

Ve RENOU et MAULDE

IMPRIMEURS DE LA COMPAGNIE DES COMMISSAIRES-PRISEURS

Rue de Rivoli, 144

CATALOGUE

D'UN

MOBILIER ARTISTIQUE

BRONZES D'ART ET D'AMEUBLEMENT

Pendules, Cartel Louis XV

TABLEAUX ANCIENS ET MODERNES

Environ 300 Études sur toile

AQUARELLES ET GRAVURES

DESSINS, LITHOGRAPHIES

ENVIRON 2,000 PHOTOGRAPHIES SUR L'ALGÉRIE

THÉATRE D'AMATEUR ET SES ACCESSOIRES

OBJETS DE L'ALGÉRIE

Bijoux et Argenterie, Armes et Accessoires, Selles, Brides et Harnachements arabes
Instruments de musique

COSTUMES ET ÉTOFFES ALGÉRIENS

MANUSCRIT ALLEMAND, BURGHMAYER, 1525

LIVRES

OBJETS MOBILIERS

Dépendant de la Succession de feu Mr A. GIRARDOT

DONT LA VENTE AUX ENCHÈRES PUBLIQUES AURA LIEU

HOTEL DROUOT, SALLE N° 3

Les Mercredi 11 et Jeudi 12 Février 1885

A DEUX HEURES DE RELEVÉE

Par le ministère de **Me GUÉLON-DUBREUIL**, Commissaire-Priseur,
boulevard de Sébastopol, 3,
Assisté de **M. EMILE VAN HOESERLANDE**, Expert, rue Taitbout, 34.

EXPOSITION PUBLIQUE

Le Mardi 10 Février 1885, de 1 heure 1/2 à 5 heures 1/2.

PARIS — 1885

CONDITIONS DE LA VENTE

Elle sera faite au comptant.

Les Acquéreurs paieront en sus des adjudications CINQ CENTIMES PAR FRANC applicables aux frais.

L'Exposition mettant les Acquéreurs à même de se rendre compte de l'état des Objets mis en vente, aucune réclamation ne sera admise aussitôt après l'adjudication prononcée.

TABLEAUX

ANCIENS ET MODERNES

—

DREUX (Alfred de)

1 — Cheval alezan au dressage.

Signé à droite.

DREUX (D'après Alfred de)

2 — Chevaux de course.

BLONDEL

3 — Éole déchaînant les Vents.

Esquisse d'un plafond du Louvre.

B.-L. (Roma, 1839)

4 — Portrait de la Dona della Cervarra.

CHERET (Louis)

5 — Sous Bois (Etude faite à Fontainebleau).

6 — Sous Bois (Forêt de Fontainebleau).

COUTURE (D'après Th.)

7 — Orgie romaine.

Toile.

DECAMPS (D'après)

8 — Portefaix de Smyrne.

DELACROIX (D'après)

9 — Le Massacre de Scio.

DUBUFE

10 — Femme couchée (Effet de lumière).

GIRARDOT (A.)

11 — Cour d'auberge en Normandie.

12 — Marché à Oran.

13 — Cheval percheron.

GIRARDOT (A.)

14 — Intérieur arabe.

15 — Cheval arabe (Etude).

16 — Rues d'Alger (Deux études).

Cadres en bois sculpté.

17 — Cheval à l'écurie.

18 — Surprise d'une Smalah (Episode de la guerre d'Afrique.

GUIGNET

19 — Les Philosophes (Intérieur de caverne).

20 — Achille et Ulysse (Episode de la guerre de Troie .

Esquisse.

INCONNU

21 — Portrait d'Abdel-Kader.

22 — Portrait de Bou-Maza.

23 — Vue prise en Orient (Etude).

24 — Mosquée.

25 — Cour intérieure d'habitation.

JACQUES (C.)

26 — Intérieur de bergerie.

JADIN

27 — Chien terrier à l'attache.

Bois. — Haut. 0^m55. Larg. 0^m34.

JOUVENET (D'après)

28 — La Descente de croix.

LAZERGES (H.), 1877

29 — Négresse musicienne à Alger.

MARILHAT (D'après)

30 — Vue prise en Orient (Mosquée à Rosette).

MUYDEN (A. Van)

31 — La Toilette de Bébé.

PEYROL-BONHEUR (J.)

32 — Vache et Moutons dans un pré.

Haut. 0^m39. Larg. 0^m4 .

PHILIPPOTEAUX (J.)

33 — Cavaliers arabes.

Toile.

PILS (I.)

34 — Tête de Kabyle (Profil).

Haut. 0^m37. Larg. 0^m28.

PILS (I.)

35 — Tête de Kabyle (Profil).

Haut. 0^m35. Larg. 0^m24.

SABATIER (E.)

36 — Ferme en Gascogne.

ZIEM

37 — Vue prise en Egypte.

———

38 — Environ trois cents Etudes sur Toile : Chevaux français et arabes, Sujets d'intérieur, Vues prises en Algérie et au Maroc, etc.

39 — Sous ce numéro seront vendus les Tableaux non catalogués.

AQUARELLES ET GRAVURES

FORTUNI (Rome, 1866)

40 — Veillée près d'un mort.

Gravure.

HERSENT (D'après)

41 — Daphnis et Chloé.

Gravure.

HOGUET

42 — Bateau de pêche (Marée basse).

Aquarelle.

INGRES (D'après)

43 — Tu Marcellus eris.

Gravure.

PILS (I.)

44 — La Payse.

Aquarelle.

ROQUEPLAN (Camille), 1838

45 — Coucher de soleil.

Aquarelle.

TESSON (L.)

46 — Peintre au travail.

Aquarelle.

TITIEN (D'après Le)

47 — Le Christ au tombeau.

Gravure.

VALERIO (1854)

48 — Nègre bachi-bouzouk.

Aquarelle.

VERNET (D'après H.)

49 — Louis-Philippe et ses Fils.

Aquarelle.

VIBERT (J.-G.)

50 — La Nourrice.

Aquarelle.

WORMS

51 — Espagnol.

Aquarelle.

---

52 — Sous ce numéro seront vendues les Aquarelles et Gravures non cataloguées.

ÉTUDES, ESQUISSES, DESSINS, LITHOGRAPHIES ET PHOTOGRAPHIES

53 — Cent cinquante Etudes environ et copies par divers : Dieu, Frère, Girardot, Grolig, Guignet frères, Lafon, Leprince, Regis, Roubaud et autres (Sera divisé).

54 — Deux mille Photographies environ, sur l'Afrique et l'Asie (Sera divisé).

55 — Un Lot de gravures et lithographies sur l'Algérie. (Sera divisé).

BIJOUX ET ARGENTERIE

56 — Deux Tasses à boire en argent, à anses mobiles,
pour Cavaliers. Travail arabe.

57 — Vase à boire algérien, avec couvercle en argent
repoussé à côtes.

58 — Bracelet marocain à côtes en argent doré.

59 — Bracelet en argent repoussé orné d'arabesques et
de corail.

60 — Deux Flacons, forme étui, en argent repoussé,
ornés de corail avec chaînettes.

61 — Aiguière en cuivre à côtes et gravée, couvercle
ajouré. Travail persan.

62 — Deux petits Anneaux de jambes en argent, avec
brisures et émail fond bleu.

63 — Deux Anneaux de jambes en argent gravé et
émaillé, avec brisures.

64 — Monture de Tasse en argent filigrané, ornée de
corail

65 — Sarmah algérien; longue Coiffure en argent à
jour.

66 — Boîte ronde à parfums en argent gravé, avec
chaînette.

67 — Deux Chapelets noirs, dont un avec os de sacri-
fice.

68 — Broche de femme Kabyle en argent émaillé fond
vert, enrichie de corail et ornée de pampilles.

69 — Agrafe double pour haick de femme Kabyle en
argent émaillé, enrichie de corail.

70 — Deux Agrafes et une Broche en argent émaillé,
enrichies de corail.

71 — Parure de tête de femme Kabyle, formée de
rosaces et de pampilles en argent émaillé et
garni de corail.

72 — Deux Colliers formés de plaques et de rouleaux
en argent émaillé et de morceaux de corail.

73 — Collier égyptien composé de trois rouleaux et
d'un triangle en argent, garni de verroterie.

74 — Boîte à amulettes et versets du Coran en argent
gravé, de forme carrée avec chaînette.

75 — Deux Anneaux d'oreilles en argent à cinq pendeloques. Travail du Maroc.

76 — Broche arabe en argent à dix chaînettes, enrichie de corail.

77 — Deux Broches rondes en argent repercé. Travail
ancien.

78 — Collier arabe formé de coquillages, morceaux
d'ambre, coraux et clous de girofle et orné de
trois triangles en argent.

79 — Collier arabe avec porte amulettes et plaques en argent garnies de corail.

80 — Collier égyptien en verroterie bleue avec plaque en argent gravé.

81 — Collier de négresse formé de quatre rangs de perles en verre de couleur.

82 — Collier de négresse à trois rangs de verroterie, corail et pièces de monnaie en argent.

83 — Parure de front de femme Kabyle en drap rouge, ornée de dix-sept pampilles en argent, et d'un écusson émaillé.

84 — Deux Anneaux de jambes en argent gravé, travail algérien.

85 — Deux Anneaux de Touaregs en argent, avec chaînettes garnies de corail et de piecettes.

86 — Parure en argent émaillé, enrichie de corail et garnie de chaînetttes.

87 — Ceinture en velours rouge avec large plaque en argent repoussé garnie de chaînettes.

88 — Paire d'Agrafes à deux faces en argent filigrané formées de rosaces à jour, travail marocain.

89 — Paire d'Anneaux en argent émaillé garni de corail ; chaque Anneau orné de six chaînettes à piecettes et corail.

90 — Trois Colliers cuivre, perles et corail.

91 — Bijoux et objets en argent non catalogués.

ARMES ORIENTALES ET ACCESSOIRES

92 — Armure complète en fer poli, style du xvi⁰ siècle, avec longue épée.

93 — Bouclier rond en fer, gravé de mascarons et d'arabesques.

94 — Petit Modèle d'armure, cavalier et cheval bardés de fer, style du xvi⁰ siècle.

95 — Autre petit Modèle d'armure avec épée et culotte, même style.

96 — Petit Modèle de guerrier avec armure complète, sur socle en bois, même style.

97 — Chemise circassienne à mailles de fer.

98 — Yatagan arabe, poignée à larges ailes en cuivre, garnie de corail et d'ornements filigranés, fourreau garni de chaînettes.

99 — Fusil albanais à quatorze capucines en cuivre, plaque de couche en ivoire.

100 — Tromblon à monture en bois sculpté, canon orné d'incrustations en argent et en relief.

101 — Yatagan arabe, poignée à larges ailes enrichie de corail, lame damasquinée et fourreau en cuivre enrichi de corail.

102 — Sabre turc à lame courbe, avec poignée en corne blonde, fourreau en fer repercé.

103 — Sabre turc à lame courbe, fourreau recouvert de
chagrin et cuivre doré.

104 — Paire de Pistolets turcs, canons et garnitures
finement ciselés, montures enrichies de corail.

105 — Fusil arabe à cinq capucines en argent ciselé,
monture ornée d'incrustations en argent et de
corail.

106 — Sabre marocain à lame courbe, garni de fer damasquiné, poignée en corne blonde.

107 — Sabre arabe à lame courbe, poignée en bois
noirci, fourreau en velours garni d'argent à
fleurs et arabesques,

108 — Fusil turc avec garnitures en argent; la monture
est inscrustée d'ornements en cuivre et de
nacre cloutée.

109 — Fusil arabe à cinq capucines en cuivre, plaque
de couche en os.

110 — Pistolet arabe dans son étui en cuir.

111 — Fusil de fabrication italienne, monture unie.

112 — Sabre marocain à lame droite et plate, fourreau
en fer garni de cuivre repercé et gravé, fourreau en cuir garni de cuivre.

113 — Poignard arabe à lame courbe, fourreau en
cuivre argenté et émaillé.

114 — Poignard de même provenance, poignée en
cuivre repercé et argenté.

115 — Fusil arabe à cinq capucines en argent, canon ciselé, monture en palissandre incrusté, batterie finement ciselée, plaque de couche en ivoire.

116 — Poignard turc à lame effilée et gravée, poignée en os garnie de corail, fourreau en cuivre doré et garni de corail avec chaînette.

117 — Poire à poudre arabe en métal, ornée d'appliques en cuivre ciselé et de pendeloques, chaînettes et corail.

118 — Pistolet arabe à capucine, plaque de couche en argent gravé et émaillé, canon damasquiné, monture ornée d'incrustations.

119 — Flissah à lame droite avec garde et fourreau en cuivre et lanières.

120 — Poudrière marocaine en bois clouté, ornements en argent et cuivre repercé.

121 — Poudrière marocaine en cuir clouté.

122 — Deux Sacoches marocaines en cuir brodé fonds jaune et rouge.

123 — Trois Sacoches marocaines en cuir, de différentes formes, et une Sacoche en fil d'aloès.

124 — Ceinturon avec porte-pistolets et cartouchière en cuir, garni de velours fond bleu, brodé d'argent.

125 — Cartouchière kabyle en cuir, garnie de lamelles de plomb.

126 — Trente Pièces environ, Poignards et autres.

127 — Sous ce numéro seront vendues les armes non cataloguées.

———

SELLES, BRIDES, HARNACHEMENTS

ET OBJETS DIVERS ORIENTAUX

128 — Trois paires d'Étriers arabes en cuivre.

129 — Mors avec brides, fronton et collier pour chameau, en soie jaune brodée d'or.

130 — Brides et Bridon pour chameau, en velours cramoisi brodé d'or.

131 — Bridon à œillères et Collier en cuir brodé de fleurs polychromes et d'or.

132 — Paire de Fontes en cuir recouvertes de velours cramoisi brodé d'or.

133 — Collier brodé d'or avec ornements en cuivre repercé.

134 — Bridon à œillères brodé d'or.

135 — Deux Bridons à effilés rouges.

136 — Bridon en fer doré avec brides en soie verte.

137 — Bridon en fer pour chameau.

138 — Deux paires de Bottes et une paire de Babouches
     en cuir.

139 — Selle de chameau.

140 — Selle arabe et sa Housse en maroquin brodé
     d'or.

141 — Croissant pour poitrail en défenses de sanglier
     montées en argent, orné de deux grosses cor-
     nalines.

142 — Sous ce numéro seront vendus les articles d'har-
     nachement non catalogués.

BRONZES, MEUBLES ET OBJETS D'AMEUBLEMENT

143 — Deux petites Bibliothèques en acajou, à portes
     vitrées, à dessus de marbre.

144 — Armoire en acajou.

145 — Buffet de salle à manger à crédence, en acajou.

146 — Meuble de salon en acajou, recouvert en tissu
     de crin, composé de : un Canapé et huit
     Chaises.

147 — Fauteuil en chêne sculpté, recouvert de tapisserie
     au point.

148 — Deux Battants de porte en bois sculpté et peint,
     à rehauts d'or. **Travail arabe.**

149 — Deux Porte-Fusils en bois sculpté et peint, à
fonds de glaces, avec frontons.

150 — Lit à quatre faces en chêne sculpté, surmonté
d'un baldaquin orné d'un sujet peint représentant Apollon et les Muses, et soutenu par
quatre colonnes; le dossier à fronton est enrichi d'ornements sculptés ; la garniture est en
velours rouge.

115 — Meuble-Crédence en chêne sculpté, le corps prin-
cipal, à deux vantaux décorés de mascarons,
repose sur quatre pieds à sujets fantastiques.

152 — Bibliothèque en bois noir à galerie et à fronton,
ornée d'incrustations d'ivoire.

153 — Paire de Vases en porcelaine de Chine en partie
laquée, garnis de bouquets en bronze à cinc
lumières.

154 — Pendule, style Louis XIV, en marqueterie de
cuivre sur écaille, ornée de guirlandes de
fleurs et de têtes de béliers en bronze ciselé,
supportée par quatre cariatides ailées.

155 — Grande Glace bisautée dans son cadre en bois
noir.

156 — Paire de Flambeaux en bronze ciselé et doré de
E. Barbedienne

157 — Meuble d'entre-deux en bois noir garni de
bronze et de filets de cuivre, s'ouvrant à
un battant marqueté de cuivre et d'écaille, et
orné au centre d'un mascaron en bronze.

158 — Glace bisautée dans son cadre en bois sculpté et
doré, ornée d'un fronton « Enfant jouant de la
mandoline ».

159 — Chaise en chêne sculpté, à dossier élevé, garnie
de velours frappé, fond rouge.

160 — Table à pieds tors et à entrejambes.

161 — Cartel en bronze doré, époque Louis XV, à ro-
cailles et fleurs.

162 — Chevalet à manivelle.

163 — Petite Table d'artiste à deux tiroirs.

164 — Deux Fauteuils en chêne sculpté à dossiers bas,
recouverts de tissu de crin.

165 — Lustre à six lumières en cuivre poli.

166 — Petite Glace dans son cadre en bois sculpté et
doré, à côtés de glace et à fronton.

167 — Statuette en bronze « Jeune Femme à la co-
lombe », de C.-A. Fraikin, 1841.

168 — Socle en bois sculpté et doré, Louis XV.

169 — Deux Statuettes en bronze représentant la Danse,
de L. Kley.

170 — Paire de Flambeaux en cuivre, style Louis XIV.

171 — Pendule en bronze finement ciselé et doré, forme
œil-de-bœuf, côtés à jour avec attributs, style
Louis XIV.

172 — Coffre plaqué d'écaille et d'ornements de nacre et d'ivoire à deux poignées dorées. Travail algérien.

178 — Autre Coffre plus petit en bois incrusté de nacre et d'ivoire. Même travail.

174 — Petit Coffre de dame en velours bleu brodé en fin, intérieur garni de peluche rouge.

175 — Coffre italien à un tiroir en bois marqueté et orné d'incrustations d'ivoire. Travail ancien.

176 — Table orientale à dix pans à ornements en nacre et écaille. Travail ancien.

177 — Petite Table algérienne en bois peint.

178 — Etagère à galerie en bois peint fond rouge rehaussé d'or. Travail tunisien.

179 — Deux Porte-Fusils en bois peint à fonds de glace.

180 — Armoire en bois peint à deux vantaux. Genre algérien.

181 — Plat à couscous en cuivre étamé, à côtes.

182 — Plateau oval en cuivre rouge gravé à bords cotelés.

183 — Six Plats et Vases en poterie marocaine.

184 — Lanterne en fer blanc à huit pans.

185 — Dix Plats et vases en poterie algérienne.

186 — Environ quatre-vingts Plaques de revêtement en faïence algérienne,

187 — Aiguière et son bassin en cuivre doré et gravé.
Travail algérien.

138 — Sous ce numéro seront vendus les objets non
calalogués.

———

INSTRUMENTS DE MUSIQUE

189 — Violon algérien « Rebeb » et son archet.

190 — Flûte arabe en roseau gravé.

191 — Cuitra ou Guitare de nègre.

192 — Deux Mandolines espagnoles.

193 — Sous ce numéro seront vendus les instruments
de musique non catalogués.

———

COSTUMES ET TISSUS ALGÉRIENS

194 — Costume de Mauresque, composé d'un pantalon
et d'une veste, en velours bleu soutaché
d'or.

195 — Veste de Maure en velours cramoisi soutaché
d'or et Plastron brodé d'or.

196 — Deux Vestes en drap rouge et vert soutaché.

197 — Deux Vestes de Mauresque en reps de soie, fond bleu et fond rouge, soutachées d'or et d'argent.

198 — Corsage sans manche en damas de soie bleue brochée, et garni de broderies d'or.

199 — Deux Gilets en drap rouge soutaché d'or.

200 — Manteau de Mauresque en drap noir, garni de galons d'or et de damas de soie rouge.

201 — Trois Tuniques en drap bleu, vert et orange, garnies de tresses.

202 — Pantalon en drap orange.

203 — Veste et Gilet en fil de lin, garnis de tresses, fond jaune d'or.

204 — Quatre Pantalons en soie brochée, de différentes nuances.

205 — Chemise en damas de soie brochée or, garnie d'un plastron soutaché d'or.

206 — Sept Chemises en étoffe algérienne.

207 — Deux Burnous.

208 — Grande Couverture de chameau en damas de soie cerise, ornée de bandes en damas de soie jaune et bleue.

209 — Un lot de Vêtements et Morceaux en étoffe algérienne.

210 — Coussin recouvert de soie brochée.

211 — Coussin en velours vert à dessins en soie souta-
chés.

212 — Coussin rond en velours vert brodé or.

213 — Sous ce numéro seront vendues les étoffes non
cataloguées.

214 — Manuscrit allemand, orné de 43 Dessins à l'aquarelle rehaussée d'or ; Burghmayer 1525.

Environ **100 Volumes** : Voyages à Athènes et à
Constantinople, par L. Dupré — Costumes militaires,
Chasses, Equitation, par C. Aubry — Décoration, par
Alessandro Sanquirico — Essai sur les machines de
théâtre, par Boullet — 8 volumes, Artistes contempo-
rains — Ecole de cavalerie, par M. de la Guérinière —
Esquisses africaines, par Otth — Voyage en Andalousie,
par Delaborde — Constantinople, par Th. Allom —
Roberts Holy Land Egypt, etc. — La sainte Bible, illus-
trée par Gustave Doré — Dictionnaire de Bécherelle —
Histoire de France, par Guizot, etc., etc.

Petit Théâtre mécanique avec façade architecturale,
rampe, scène, deux dessous, coulisses, portants, chariots,
rouleaux de changement, etc.

Quelques Meubles courants — Rideaux — Literie —
Ustensiles de cuisine et de ménage — Vins.

Vᵉ RENOU et MAULDE, imprimeurs de la Compagnie des Commissaires-Priseurs
rue de Rivoli, 144.   500—54800